Kristina Bjurling

Kunde jag
så skulle jag
ställa allt till rätta

Illustration & omslagsbild: Susanna Bjurling
Korrekturläsning: Mattias Areskog

Förlag: BoD – Books on Demand, Stockholm, Sverige
Tryck: BoD – Books on Demand, Norderstedt, Tyskland

ISBN: 978-91-8027-017-5

FORTSÄTTNINGEN

Rastade mig på en öde rastplats
hade stigit av i drömsömnen

det var vitt i alla riktningar
själen trevade efter hållpunkter

Där fanns ett skjul och en bortvänd man
i svarta fotsida kläder
en knähund vimsade runt i cirklar

långtradare utan chaufför stod uppradade
rastplatsens spridda livstecken fortsatte

Jag behövdes naturligtvis inte

Växa & förtvina

VILL UT

Fågelungar ligger ännu begravda i sina mödrars inre ägg
livet täcks av blod, vävnader och fjäderdräkt

ett tunt skal

tänker mig att jag inte är kläckt än

att jag är fullständigt trygg eller
bortom vetskapen om trygghet

Just nu pickar en fågel
med sin nya näbb
på holkens insida

BALANSAKT

Hämtat frön från nattens djupgrav
sträcker handen mot smöret
din ryggtavla har växt ur sin ram
igen
benet innanför greppar om livet

ogripbart

fjunrygg blir knotrygg
emellan skjuter livet fram som ett skenande lokomotiv

Jag går på spår
varje syll fördelar tyngden av tiden

UTVIDGAS

I.

Pojkens kropp
skär genom buskarna
grusljudet
vändningen med den öppna blicken

Kan allt glömmas?

II.

Växer ur pyjamasen
växer in i kan själv
växer ur min handflata
in i starka ben
ur utsträckta frågor
in i egna svar

Under min hand utvidgas hans ryggrad
kota för kota

III.

När ett barn springer in i sin faders famn
är det en evig rörelse

När det vuxna barnet avböjer faderns halvöppna famn
är det likväl en evig rörelse

SJUKHUS

I måndags såg jag hans hjärta
hjärtklaffarna svepte rytmiskt som sjögräs i världshaven
jag ville brista ut i gråt
sträckte mig mot hans bleka arm på britsen
sköterskans starka yta gjorde mig lugn

blått och rött grafiskt upplyst blod dunkade ut och in i
hjärtats kammare

                              allt slutade med

det ser bra ut

utandningen var så lång
pojkkroppen hoppade upp från britsen

Utanför i sjukhuskorridorerna
såg jag andra
barn och föräldrar
som höll varandra i händerna

VARJE MORGON

Det vita pappret
en ynnest

männen bankar på vår gata
ljud av nedmonterat hus
ljud av andra språk

ni vaknar i mina armar
jag får fylla mina näsborrar
med er nattvärme

bilarnas tyngd som skaver mot förortsgatorna
de tunga farkosterna som fylls med avfall
töms
någon annanstans

varje morgon
ett samvete
ett vansinnigt lidande
som når in
via en radioröst
över hundratals mil

där finns åter
hon
som drunknar

en gång
en nattvärme

KUNDE JAG SÅ SKULLE JAG STÄLLA
ALLT TILL RÄTTA

Nu faller regn från himlen
ner på allt och allt får
ta emot regnet
så som det är

på tak, bilar, grenar, alla grässtrån
faller regnet

det är människor som tar emot regnet
barnen tar emot det
med sina färgglada gummikroppar
och hattar på trekvart

de försöker ta sig ut från stängda dagisgårdar
mammorna och papporna
behöver ha dem kvar därinne

fullt med kroppar som fylls med regn

                                    suger åt sig vätan

HAN HADE SINA SKÄL

Titta på mina händer
de är äldre än hans var då

Att köra på en ensam väg
för att möta sitt tysta barn

Vi tampas som soldater
under himlen

allt upplöses i tårar

EFTERDYNING

I.

En gång i tiden
hände det att
en flicka gick
längre än stranden

då svartnade vattnet
och solen försvann

det fanns knappt
någon luft

det darrar ännu

hur ni kunde finna
ord

sorgen dröjer
som nedsänkt
kärnavfall

verkar osynligt

II.

Ofödd
bar jag bekymmer

från min mors tårar

TOMMA GRENAR

Mina fingrar töms allt oftare på blod
som ett träd
där klorofyllet inte längre orkar fylla de yttersta grenarna

de förtvinar   stelnar

knäcks i nästa oväder

FÖRTVINA

I.

Jag vaknade av att jag inte längre kände igen min kropp

II.

I kroppen
förslits senorna
förkalkas ådrorna
förtorkas huden

Nytt hull
bestämda hjärtslag
fjunigt hår
föds

Bakom kroppen finns kropparna

III.

Nu springer knubbiga barnsben
som ska bära mig

deras rara röster
ska förmana mig

klappa min axel och stoppa om
mina bräckliga nyckelben

IV.

Varje morgon har huden lossnat lite mer
från köttet

Kvar står den hårda stommen
redo att omformas i nästa vilja

V.

kött
hänger
över min arm

armen har fått spår
tecken slår ut överallt

jag är dömd
linjerna pekar åt samma håll
i min hjärna för jag alla celler bakom ljuset

PATIENT

De ungas händer
är skickliga
deras blickar professionellt varma

deras värme gör mig
rädd

de kan välja
att skada mig

Bara en tunn hinna av godhet

EN VANDRANDE MOR

Hur ljuset faller på tallar
hur fåglar kastar sig ner

Jag har inte flera armar
jag kan inte bära mer

Alla döda blir bara äldre
stenarna böjer sig ner

De önskar att slippa sin namne
bli berget återigen

Det finns ingen liten flicka
som väntar här vid min sida

Jag är en vandrande mor

Hur ljuset faller på tallar
hur fåglar kastar sig ner

Jag har varken sten eller grop
men de döda blir fler och fler

Här är de så döda att minnet begravts
bara tallarnas ljus som minns

Nu vandrar jag framåt bland tallar
och minnet det finns inte mer

RESAN

Vi stretade länge
rälsen förde oss framåt
bakåt åter

Sedan stannade allt abrupt
vid en tågstation
ingen tidigare känt till

Själv hade jag målat om så länge
att jag glömt
vilken färg jag bar
när konduktören
visade mig på dörren

Dimman låg tät
färgerna hade upphört

Min målning var det ingen som brydde sig om
allra minst jag själv

Förblindelser

SÖMNEN

I den tidiga morgontimmen
fanns ännu inga anledningar

Människorna som fallna krukor
fyllda med drömmar som sakta läckte ut

tunga lemmar
utslätade rynkor

Ett tunt fantasilager spändes
över staden

En knappnål föll

Jag fann
din hand

HJÄRNVÅGOR

Jag drömmer din ryggtavla
som fingrar kan klättra över
repstegar

drar ihop
sväller ut
manetkroppen tar över

salt svider tag
innan oceanen vänder

ligger hopklibbad med
blåmusslor

Bara jag är öppen

TRO

Om natten kryper
mörkret omkring
väser obegripligheter

dova anspelningar
i ett förflutet
gör sig påminda

vi som kunde så mycket
är utslagna mästare

sömnen
blandar och ger

När jag vaknar

får jag fråga dig

vem är jag

ENHETER

Min kropp
sammanlänkad
men frigjord

mina banor
korsar andras

viss friktion uppstår

endast sparsam information
utbyts

gul mössa
litet barn vid handen
ska till dagis

grå hund
stor farbror
ska till skogen

röd jacka
lång kvinna
ska
vidare?

möter skolklasser
med framtid
de skrattar våldsamt mot himlen

ganska ofta ler människor
när de ser mig

som om de vet något
jag inte känner till

VARDAGSMUMMEL

Björkmönster vävs in i slaskhögar
gråtonerna får nytt värde
de kräver ingenting

jag hittar en ny stelhet i muskelgruppen Gluteus medius

Mullret från samhällets maskinrum
överstiger aldrig individens
trevande förmågor

jag luktar för länge på gammalt kaffe

På gatorna skvimpar
bilarnas aggressioner över
på oskyldiga medborgare

tvättider, svampangrepp, vårtinvasion

Vid vårt fönster
stretar människor
oavbrutet ut och
sedan hem igen

TRISTESSEN

När regndropparna faller
över den symmetriska stenläggningen

ligger jag kvar
på spåret

trånande och
sårad

smörjer hjulen
på stillastående bilar

repar raggsockor
i bortglömda lådor

släpper ut mjölbaggar
i de gistnaste skafferier

Du glömmer mig
när dina klackar slår i taket
när sirenerna skriker
när halmen yr

Men jag finns alltid här

Jag bor
i din spruckna gångbana

fångar inga rosor
håller inga händer
trampar på ingen

Tålmodig
Sorglös
Utan fantasi

tar jag emot dig

DIKTARKULLE

Det finns en vägg
där fåglarna skriker

Det droppar av smältsnö
solen står på högsta

Om du går dit och inväntar rätt tid
faller diktraderna ner

Det är något med vinkeln
på husen

Du är alltid ensam där

PROMENADEN

I.

Ljuset mellan träden
ljuset på träden
ljuset i träden

jag kunde dem alla

när jag kom hem
lyste jag

II.

Det lilla trädet
bara står här

Ingen äger det

Jag får låna det
ett ögonblick

Vilar mot dess stam
ser livet falla
på plats

FÖRBINDELSER

Du gav mig kyssen
som jag
gav dig

Jag är bunden till dig
av kyssen

Andra kyssar
binder samman
kontinenter nu

inte
mina

UTGÅNGSLÄGE

Centrifugalkraften är icke förhandlingsbar
allt roterar kring en mitt
vi ännu inte upptäckt

Är det konstigt då
att jag kretsar
kring dig

EN KÄRLEKSDIKT

Jag hör ihop
med dig

jag rör ihop
med mig

vi sätter ihop
många måltider

våra drömmar
går zig-zag över sängbottnen

när jag prasslar med täcket
vänder du en handflata

anar början och slutet
på tvättiden
som centrifugerar
vår vardag

jag bar aldrig ett raffset
för din skull

älskade

jag kan nästan inte uttala

att dina tofflor
gör mig tårögd

HITTA MIG

Du har letat länge nog
det bränns inte ens där

Är varken fågel, fisk eller mittemellan

Jag säger pip

                    Jag ger mig

        finns ju här mitt framför dig

GULDJAKT

Letar i våra lådor hela dagarna
hittar mest utgångna förbrukningsdatum och
damm som jag trasslar ut
försöker spinna gyllne trådar av

När vi möts på pinnstolarna
ler vi
byter ord
bakgrundsljuden svepande

Kanske ville jag att du oftare skulle
ta i mitt ansikte

vårda min uppmärksamhet

tilltala mitt innersta väsen

SOL-LJUS

skulle solen skina över ängarna   våra våta kroppar solades

ville jag sitta i solskenet   ville jag ha din handflata

susande simmande   kunde solen bo i mig

vågade visa   vatten avdunstade

kroppen   din kropp av

salt   salt

droppade   klibbade

bakom mig   vandrade bakåt

strålarna genom   ängarna djupnande

kallade jag dig älskade   var vi ensamma åter

LÖFTET

Du får välja mellan

mossbaggen
ljuset genom lövet
känslan av elektricitet
en regnvåt natt

Jag kastar in
den första blicken ett nyfött barn ger dig
känslan när ditt ansikte bryter genom vattenytan
kroppens leende efteråt

Jag ger dig
luften   den höga   att andas

trycket från din älskades hand

Jag ger dig
steget ut i morgondagg

TILLTRÄDESFÖRBUD

I natt har jag bara din arm

den är vit och sval
likt en orm

Jag håller den hårt

Den leder ingenstans

SÖNDERFALL

Försöker nå dig genom mina fingrar
men din kontinentalplatta är förskjuten

Förkastningssprickor öppnar nya
avgrunder

ingen viadukt är lång nog

Det är ett snabbt förlopp

nu når inte leendet
till ögonen längre

orden stelnar
de når knappt ut ur munnen

enstaviga
fattiga

Jag vill gömma mig bakom spisen
väggarna två centimeter inåt från alla håll

Jag står här och stampar

vid dina stup

BILDEN KAN AVVIKA FRÅN VERKLIGHETEN

Jag ville det

skrynkla ihop
verkligheten

avvika

*

Jag väntar på att verkligheten
ska kläs av

Det sker plötsligt
utan förvarning

Som ett rop i natten

INRAMADE DAGAR

Jag kan ta våra drömmar
och bära dem till tavelmakaren

Han skulle spänna duken och bända sanningen

Dagarna skulle fastna i nytt sken

ANNAN SKALA

Jag har en klocka
som äger sin egen
skala

sekunder och år
byter plats
urskillningslöst

vällingflaskan töms
min pappas skägg mot fingertopparna
havsslipade glasbitar i sand
flisor av trä från en klätterställning

samtidigt hör jag tvättmaskinen

därinne flyger
slitna strumpor

STENARNA/STJÄRNORNA

Jag plockar stenar
från botten av mitt universum

Vissa känner jag
noggrant inom och utom
vårdar ömt

andra kastar jag
så långt jag förmår

Vissa fäster jag längst upp
i minnets ytterkant
där skiner de på alla de andra

Vissa fyller jag med kraft
andra avger egen styrka

Till slut är botten tömd
stjärnorna sprakar på himlavalvet

Uppbrott

MOTRÖRELSE

Jag ville resa en staty
som vi alla
kunde välta

ÖPPNING

Det finns så mycket frihet i huskropparna

Hemmafruar
vinkar
från källarfönster

Sen föder de
tankar som raserar
muralmålningar

ORSAK

Han var arg på människor
med äppelkinder
som bar på sina alldeles för
gulliga barn

Han var arg på snabba människor
som hade viktiga jobb
som kanske uttalade sig
som om de hade företräde

Han var arg på så mycket

Sen mindes han plötsligt
äppelblommorna
i sin morfars trädgård
gärdsgårdarna, stenmurarna

blev mild

INSTÄLLNING

I.

Människor ställs in
beröring ställs in

kontaktlösheten satt i system
breda marginaler genom samhällskroppen

vår blick falnar med avståndet

II.

Den lilla damen
som ville tala med någon
ringde till radion

Efter några meningar
avbröt de henne

Tack för samtalet
ett tips är att hälsa på kassörskan när du handlar mjölk
om du vågar gå ut

III.

Vi står i trappuppgångar
med kassar
fyllda av näring

som kan upprätthålla en människas fysik
fem komma fem dagar till

Jag ställer in mig

NEDSTÄNGNING

Nu sitter alla stilla
rörelsen från miljontals händer upphör

jetströmmen av människors fötter
avbruten

I stillheten som uppstår slår blommor ut

människor faller ned och samlas upp
i gryningen

Jag bär strumpor och skor och stänger min dörr

någonstans måste man hosta en matsked blod för att få
sjukvård

i en affär plockar maskbeklädda varelser
frukter med plasthandskar

Jag ler fortfarande
ryggar bara lite vid grannens åsyn

SKULDEN

Jag måste sona ett omfattande brott
de har mig på indicier
alla tecken pekar mot den
skyldige

Min skuld som ett täcke av snö
det har snöat i dagar
inget töväder spås

Måste använda mina bara händer
för att finna mark

Jag släpar mig fram i underjordiska gångar
en bödel följer mina steg

Det finns en ljusning

Nu när jag och nästan alla andra
äntligen är straffade

TVÅ BARN

Som dova trummor skakar marken
hundratusen människor möts av taggtråd
taggtråden ger vika
bakom taggtråden
väntar tårgas

Jag vandrar på en regnklädd förortsgång
i mina fotspår de flyende

En kvinna liksom jag
har tre barn

Två av våra gemensamma barn
är jämnåriga med kriget

Det ena barnet bär rena kläder
får mat innan han känner hunger

Det andra barnet bär ett sår som klyver världen

TORN

Vi byggde torn hela dan

På natten skulle
allt rivas

Jag var inte delaktig
i förödelsen

Den ödelade sig själv

Nu övervintrar fåglar och
kvinnor
som har lämnat
sina barn
på blåsiga bakgårdar

Det finns ingen
exakt avgrund
dit jag sjunker
likt blytyngden

NÅDASTÖT

I natt
sprang tusen vilda
hästar
i galopp
rakt mot den gillrade
fällan

FÖRBARMANDE

Skeppet saktade in
strax innan
isberget

trots att kaptenen övergett rodret
för länge sedan

Samtidigt började en utrotningshotad
blommas sista frö
att växa
i en avlägsen dalgång

WORLD SUMMIT

Tiotusen delegater
välde ut ur portarna

De hade enats
om att inte enas

Jag red hem på den sista hästen

kom hem lagom för att se
snödroppen slå ut i december

FÖRSÖRJNING

På en kal slätt där endast snålblåsten bor
byggdes en gigantisk fabrik

Ett frö blev tusen frön
som flög ut i världen

Inuti hukade kvinnor och män
vid rullande band

Betalar en elräkning
finansierar en skolgång

En gång stod jag på den fabriksgården
kände snålblåsten nå in

HÄNSYNSFRI

Om gryningen, ännu natten
tar människan en dammsugare

suger bort de slumrande fåglarna
från olivlundarna

Vi ville bara äta
oliver

INSIKT

Bakom din stängda dörr
är väggarna tapetserade med böcker
som alla talar om
vikten av öppenhet

Bergslängtan

FÄSTE

I.

Här förankras jorden
i universum

tre linjer räcker

Havets alla vågor vill hem
sömmen driver genom landskapet

spricker inte
trots vinden

Här förankras jorden
i universum

tre trådar räcker

Jag tar fatt i dem och faller

II.

Salt väta tar sig upp
havet leker med
grässtrån och ängsblommor

Trollar bort färgerna
låter vinden rasa
över stråna
blir alldeles rusiga

III.

Jag sadlar om min häst
doppar min pensel med
ny färg

från bergen spränger jag kraft

EXISTENS

Utan ord finns fortfarande
universum   men

ingen säger det

MAGIKER

Matematikens beskrivning av döden är
noll

Livet kastar in värde efter värde
i oändligt myller tills talet blir olösligt

Ändå nollställs allt åter av döden
på ett ögonblick

SAMLING

Det finns en brevbärare som delar ut den sista posten
de breven kommer alltid från samma avsändare

En dag kommer vår kallelse
dagordningen är fastställd
justeringen överflödig

Mötet kan börja

FÖRVANDLINGEN

Mörkret utplånar kroppen
låter sitt ansikte omfamna och omforma dig

Mörkret tar ditt jag och ger dig frid

När ljuset skiner är dörrens öppning tydlig
efter den sista strålen upphör konturerna

Kvar är svart dunkel
utan tro
utan minne

Likt tornseglaren bygger själarna sina bon
på omöjliga klippväggar

SKOGSKYRKOGÅRDEN I

Klockan är halv tre
en fredagseftermiddag

tre levande personer
samtalar
utanför kapellet

röken från
en cigarett
upplöses

döden
har infallit
tidigare

SKOGSKYRKOGÅRDEN II

Färgsprakande trädgårdsarbetare
blåser barr från gravarna
mot en höstbrun bakgrund

eller
suger de upp själarna
för oklara ändamål

FLÄTVERK

Vi bär alla en tråd
fäst i vår födelse

Vi vill alla någonstans

I vår oändliga iver
stickar vi en väv

En del fastnar i felstickade knutor
andra drar allt hårdare
tills väven är ogenomtränglig

Över tid blir vår tråd
både snubbeltråd och balanslina
för de som kommer oss nära

När alla rör sig efter sina bevåg
bildas trasselklumpar
till slut hjälper bara
en skarp sax

När tiden är ute
är vår tråd så sammantvinnad
att andra dras ner i vårt fall

PÅ JORDENS PLANHALVA

I.

På jordens planhalva sliter plantorna
fröer vill hitta hem
letar allt mer förtvivlat

II.

Jorden bär oss
utstår våra anskrämliga skämt
med stoisk tystnad

III.

Nu gräver jag i dig
din mylla blir mina sorgkanter
om jag gräver tillräckligt djupt finner jag mina rötter

IV.

I dig finns möjligheterna till alla former;
fetknopp, tusensköna, vildros och pinje,
termitstackar, näsapor, hoppstjärtar och spinnfotingar

V.

Vi äter dig
skär djupa sår i din skorpa
tömmer dig på innehåll

VI.

Du är den ultimata omvandlaren
i ditt växelkontor byter valutan ständigt ägare
en gång dynga, i nästa stund åtråvärd mull

VII.

I dig vilar havet
du upplåter dina trygga kanter för dess oroliga själ
vågorna slår och slår mot dina fasta former
låter dig långsamt omformas

IIX.

Det måste kittla
när vi alla springer runt
med våra uppdrag på din kropp

kanske är jordbävningarna dina återhållna skrattanfall?

IX.

Ett tips om du tröttnar på oss;
du kan ju resa dig
skaka av oss som loppor

X.

En mörk himmelskarta ritades upp
En kvinna på en cykel
var blott ett dammkorn
på jordens planhalva

PÅ HIMLENS PLANHALVA

I.

Om jag kunde beskriva himlen för dig
den trasiga   repiga   som lider
under universums tyngd

II.

Idag sprack du
inför mina ögon
Trådar av moln
slet sig lösa

Sedan såg du på mig
med djupa fåror
i den fjärran molnbanken

III.

Du lämnade mig
i jordens våld

Släppte mig till marken
jordig krälade jag under ditt
allsmäktiga öga

IV.

Kylan vände åter
himlen var öppen blå
byggjobbare hissades upp i enorma lyftkranar
ingen kunde se var de gick av

bara att lyftkranens armar krängde ur sin bana

V.

Himlen gråsvart
öppnade luckor

Ingångar till liv som varit eller
skulle bli

VI.

Kompakt mörker
endast en strimma
ljus   till höger om
lyftkranens arm

VII.

Himlen var bred
människorna små

Tusentals enheter rörde sig
ändå var allt stilla

IIX.

Himlen är liksom öppen

Om jag subtraherar ditt humör
blir allting lugnt

IX.

Idag bär du ram
    högtravande
    ogenomtränglig

Likt en oljemålning

X.

Himlens planhalva sveper luftmassorna fram och åter
molnarméer drar ihop sig till försvar
skickar iständer, rovregn, yrvindar

Var beredd du lilla jordsoldat
Var beredd

XI.

Himlens kanoner laddar om – här finns hela kavalleriet;
rosalila undergång, sotfärgat novemberbly,
uppspruckna skyar som slukar människobarn till frukost

NOVEMBER ÄNDÅ

I.

Världen träder fram i sin krassaste beklädnad
asfalt, trafik, betong

inomhus smyger människorna omkring
ingen vill störa sig själv
väljer omvägar

främlingar kantar tillvaron
på gångvägar och parkeringsplatser

Snart fryser bottenkärlen

Det är härifrån vi spänner bågen över resten av året
vi spänner den i rädsla för att sjunka

till och med katterna tystnar
lämnar spår av päls på de kvarglömda sittdynorna

Ute finns skogen kvar
träden med sina grenar
fortsätter att sträcka sig

De håller sina kottar, sina barr, sin bark
De iakttar i en långsammare takt

                      De andas en annan rytm

II.

Kommer alla farbröderna jag möter på skogsstigarna
dö snart?

Kan barnen som skrattar så öppet
stänga sina munnar och falla ihop?

Jag frågar så att livet kan plattas ut
bilda ett fyrkantigt pussel där vi kan skära ut lagom
komplicerade bitar och   ta isär allt

börja om

III.

Jag frågar november   vad är vi?
Nebulosor, kvantpartiklar

solens alla ungar på en kort utflykt i universum

UPPTÄCKT

Medan vi går här och
gyttrar

Ligger skogarna där
utsvepta

Sjöarna
som
blanka slantar

Väntar på att bli upplockade

INGENS SJÖ

Sjön ligger ensam
halvt isklädd

Inga kladdiga barnfötter
Inga morgontidiga änklingar
Inga bajsande kanadagäss
Inga svärande farsor
Inga smuliga mariekex
Inga färgglada glasspapper
Inga svettiga bikinikroppar
Inga tajta tonårsflockar

Tänker mig att sjön renas

Bara bruten vass
i blåisen

Människor och djur
tassar runt
på avstånd

drömmer

SÖKANDE

Det finns människor som går ensamma
och funderar
i skogen

Utan hundar

Utan att leta svamp
eller bär

Men kanske letar ändå

ÅTERKOMSTEN

Skogen fortsätter under asfalten
den breder ut sig under husen
under gator och torg

rötter flätas samman
frön bidar sin tid

Skogsdungen som dyker upp i staden
betraktar och ler

Ett sista synligt träd kan falla
men under samhällskroppen står det tusen och tusen åter

FÖRUTSÄTTNINGAR

Vi föddes med tunn hud
med inga och
alla färdigheter

Minns att
i skogen
är det råa mörkret
en trygg filt

PERSPEKTIV

Fotbollsplanen och himlen bytte plats
det gröna och det blåa lyste lika starkt

i mig
strålade färgerna
genom mig

skenet från den expanderande
fotbollsplanen
växte ut från trädtopparna

jag ägde skogens sprickor
rävens gryt, undergångar av gråmossa

allt var lyckligt
utan form

Fotbollsplanen sprack upp i ett leende

DRABBNINGEN

Nu vilar handen
mot bordet
bordet mot golvet
golvet mot betongfundamentet
betongfundamentet mot
jorden

jorden
mot jordens undangömda
innanmäte

jordens innanmäte
vilar sig
mot den andra sidan

på andra sidan
vilar en penna i en hand
pennans former
vilar mot idéerna
som vilar mot
andens kraft

som strålar ut i universums
oändliga

innanmäte